Analyse der Untreue von Männern in Frauenliedern. Eine Betrachtung der Darstellung

Aishik Surana

Bibliografische Information der Deutschen Nationalbibliothek:

Die Deutsche Nationalbibliothek verzeichnet diese Publikation in der Deutschen Nationalbibliografie; detaillierte bibliografische Daten sind im Internet über http://dnb.d-nb.de abrufbar.

ISBN: 9783389042236
Dieses Buch ist auch als E-Book erhältlich.

Druck und Bindung: Books on Demand GmbH, Norderstedt Germany
Gedruckt auf säurefreiem Papier aus verantwortungsvollen Quellen

Das vorliegende Werk wurde sorgfältig erarbeitet. Dennoch übernehmen Autoren und Verlag für die Richtigkeit von Angaben, Hinweisen, Links und Ratschlägen sowie eventuelle Druckfehler keine Haftung.

Das Buch bei GRIN: https://www.grin.com/document/1488140

THEMA

Die Analyse der Untreue von Männern in Frauenliedern: Eine Betrachtung der Darstellung

Aishik Surana

- Inhaltsverzeichnis:

1. Einführung:

Die Darstellung von Beziehungen und Liebe in den mittelalterlichen Frauenliedern ist von einer Vielzahl faszinierender Elemente durchzogen, die einen Einblick in die sozialen und emotionalen Strukturen der damaligen Zeit gewähren. In dieser Hausarbeit liegt der Fokus auf einem spezifischen Aspekt dieser Lieder, nämlich der Thematik der "Untreue" von Männern gegenüber den Frauen. Die Frauenlieder des Mittelalters, verfasst von Minnesängerinnen oder männlichen Autoren, bieten eine reiche Quelle, um die komplexen Beziehungsgeflechte und die emotionalen Herausforderungen der Frauen dieser Ära zu verstehen.

Die Idee der "Untreue" bildet einen zentralen Punkt in vielen dieser Lieder. Die Frauen, von unerfüllter Liebe geplagt, sehen sich häufig mit der Trennung von ihren Liebhabern konfrontiert, die nicht aus dem gleichen Stand der Gesellschaft stammen. In dieser Hausarbeit wird untersucht, wie sich die Thematik der Untreue in den Frauenliedern manifestiert, welche Emotionen und Herausforderungen damit verbunden sind.

2. Überblick über Frauenlieder:

„Frauenlieder" sind einer der ältesten und beliebtesten Formen von „Minnesängern" zuzuordnen. Die Themen der meisten Frauenlieder stammen ursprünglich aus der altprovenzalischen und altfranzösischen Lyrik des Mittelalters. Diese Lieder befassen sich vor allem mit den Unglücksgefühlen, die aus der lyrischen Perspektive einer Frau entstehen. Die Stimme des lyrischen Ichs beklagt sich über die schmerzhafte Trennung von einer unerfüllten Liebe zu einem unerreichbaren, oft niederrangigen Mann, der aus dem niederen Stand der Gesellschaft stammt. Es stellt sich jedoch die Frage, ob diese Lieder ein realistisches Bild jener Zeit widerspiegeln. Als Antwort darauf sollte dem Leser bewusst werden, dass Frauenlieder von männlichen Perspektiven geprägt sind und durch die Vorstellung idealisierter, klischeehafter Frauenfiguren im höfischen Kontext projiziert wurden.

3. Autorschaft und Strukturierung der Frauenlieder:

Die Minnelieder sollten dahingehend analysiert werden, dass die Gefühle der Frauen nicht ursprünglich bewahrt wurden, sondern vielmehr aus unterschiedlichen Gründen imaginiert erscheinen. Ein bemerkenswerter Grund dafür könnte darin liegen, dass Männer ihre verfassten Minnesänger vor allem während Hofdiensten vorsingen durften, während Frauen diese Gelegenheit nicht hatten. Die Zulassung von Frauen als Autorinnen wurde ebenfalls als unerwünscht betrachtet.

Stattdessen erlangten vernachlässigte Frauen in der höfischen Gesellschaft das Recht, anonym Gedichte zu überliefern. Die damaligen Beschränkungen der kreativen Ausübung durch Frauen schienen unüberwindbar. Daher nutzten die Autoren die Gelegenheit, imaginierte Gedanken und Gefühle zu poetisieren. Was keineswegs den realen Erfahrungen von Frauen entsprach, wurde von der Männerwelt zur Gestaltung weiblicher Charaktere in den Liedern verwendet. Insbesondere wurden Liebesäußerungen oft durch die *Begegnung wirkender Ritter mit unverheirateten Damen*[1] betont. Die Motivation der Autoren lag darin, bekannte Themen und exemplarisch dargestellte Frauenfiguren kunstvoll neu zu gestalten. Dadurch entstanden im Laufe der Zeit zahlreiche neue Motive und Vorgehensweisen, insbesondere bei Der von Kürenberg, Diet von Eist, Der Burggraf von Regensburg, Hartmann von Aue und Walther von der Vogelweide. Im Allgemeinen unterscheiden sie sich voneinander, was bisher mehr oder weniger erforscht wurde.

Obwohl das Konzept der „Minne" konkret mit einer „*höfischen zeremoniellen Liebe des Mittelalters*"[2] verbunden ist, knüpft es immer an einen Minnedienst an, den der Mann gegenüber einer Frau unterziehen muss. Die Formulierung der allerschönsten und tugendhaftesten Frau aus der höfischen Idealgesellschaft lässt den Mann während der Liebesentstehung Wohlgefallen oder Freude empfinden, was ihn durch seine Werbung auf eine rühmliche Ebene verlagert. Die dichotome Vorstellung der Stände beider Geschlechter verleiht der Frau eine umfangreiche Macht, und daher verfügt sie über eine Dominanz, die den Mann eng an die Beziehung bindet. Schließlich widerspricht die Einwilligung des Mannes zur Liebe und ergibt sich in eine belastende Beziehung.

Zusätzlich fungiert die Verantwortung, das Glück der adeligen Frau sicherzustellen, als eine Gewissensfrage. Wenn der Mann losließe, würde er die Würdigkeit innerhalb der Gesellschaft verlieren. Als Ergebnis wäre sein Schicksal unaufhaltsam mit der Beziehung verbunden. Daher gerät er in einen Minderwertigkeitskomplex. Aus diesem Grund empfindet er eine erdrückende Last unter der Liebe, was ihn dazu zwingt, zu fliehen. Dies wiederum setzt die Frau in eine schmerzhafte Lage, die sie durch die Frauenlieder zum Ausdruck gebracht wird.

Ich möchte nun näher auf die These eingehen, wie der Mann in den Frauenliedern durch Untreue versucht, sich aus der Dominanz der Frauen zu befreien.

---

[1] G. Schweikle 1980, S. 92.

[2] Vgl. H. Sieburg 2010, S. 164.

4

4. Gedichtanalyse:

4.1. *Ich zôch mir einen valken*/ Der Von Kürenberg/ (=MF 8,33)

Ich zôch mir einen valken mêre danne ein jâr.

dô ich in gezamete als ich in wolte hân

und ich im sin gevidere mit golde wol bewant,

er huop sich ûf vil hôhe und vlouc in anderiu lant.

Sit sach ich den valken schône vliegen,

er vuorte an sinem vuoze sidine riemen,

und was im sin gevidere alrôt guldin.

got sende sî zesamene, die gelieb wellen gerne sin!

(„Ich züchtete mir einen Falken, länger als ein Jahr. Als ich ihn so gezähmt hatte, wie ich ihn haben wollte, und ihm sein Gefieder mit Gold schön verziert hatte, schwang er sich hoch empor und flog in andere Lande. Seither sah ich den Falken in stolzem Flug. Er trug an seinem Fuß seidene Riemen, und sein Gefieder war ganz rotgolden. Gott führe die zusammen, die einander gern lieben wollen!" I. Kasten 1990, S. 37-39.)

In diesem bekannten Gedicht des berühmten Minnesängers Der von Kürenberg aus der Frühphase des Minnesangs wird die Minne-Handlung anhand der Darstellung eines Falken dargestellt. Abgesehen von der Unklarheit bezüglich des Geschlechts des Lyrischen Ichs wird hierbei deutlich, dass es um einen Falken geht, der seit langem mit allerlei Schmuck verziert wurde. Am Ende jedoch entscheidet sich der Falke dafür, auf den behaglichen Zustand zu verzichten und in ein anderes Land zu entfliegen. Nach genauerer Betrachtung lässt sich erklären, dass das Lyrische Ich tatsächlich beabsichtigte, den Falken mit dem Verlockungsmittel unter Kontrolle zu bringen (*ich in gezamete*; MF 8,33, V. 2). Dabei wird Schmuck wie Gold (*golde*) verwendet. Jedoch lässt sich der Falke nicht davon abhalten, sondern der Verzicht auf die bereits bereitgestellte Gemütlichkeit scheint ihm bevorzugt zu sein. In den nachfolgenden Versen wird die Befreiung des Falken durch die Verwendung von Ausdrücken und Gegenständen wie "*schône vliegen*", "*sîdîne riemen*", "*alrôt guldîn*" kontrastiert. Diese Elemente tragen dazu bei, den Falken weiter zu lockern und thematisieren seine Entlassung aus dem engen Kreis des adeligen Lebens. Schlussfolgernd akzeptiert das Lyrische Ich die Entscheidung des Falken.

Im Vordergrund steht dann, was auch von dem besonderen Stil von Kürenberg ausgegangen wird: die Verwirrung bezüglich der Geschlechtsbestimmung des Falken. Dabei unterscheiden sich die Ansichten über die Rolle des Falken und die Begründung seiner Flucht. Im Folgenden werde ich die Forschungsergebnisse aus dem *„Handbuch Minnesang"* referieren: "*Der freie Flug des Falken, der sich dem weiblichen Domestizierungsversuch entzogen hat und hier für den Mann steht, erscheint der Frau als schön."*[3] Im Kontrast dazu interpretiert Herr Heinz Sieburg in seiner Forschung, dass das Lied die Klage einer Frau um ihren verlorenen Geliebten sei, der metaphorisch als Falke dargestellt werde. Darüber hinaus deutet er an: "*Dabei schwanken die Affekte des lyrischen Ichs zwischen empfundenem Unrecht wegen der Undankbarkeit des Geliebten und einem vermeintlich legitimen Anspruch auf Gegenliebe.*" Hinsichtlich dieser beiden verschiedenen Standpunkte ist die Geschlechtsbestimmung des Falken noch zweifelhaft.

Abgesehen von der Bedeutung des "Goldes" laut Duden (*Gold ist, besonders im Mittelalter, das Sinnbild der Treue)*[4], wäre es allerdings selbstverständlich, wenn man den Besitz von Gold und ähnlichen kostbaren Edelsteinen des lyrischen Ichs in Betracht zieht. Symbolisiert dieses Reichtum eines Einzelnen ohne Zweifel einen Adeligen. Doch dieser Reichtum der adeligen Frau fasziniert den Falken, vorgestellt als Mann, überhaupt nicht. Für ihn trägt die reichen Edelsteine innerhalb einer Beziehung wie ein Gefängnis wenig Wert, und die Verwendung von billigerer Zierde wie "*sîdîne riemen*" und "*alrôt guldin*" fällt ihm von höchster Bedeutung. Die Verwendung beider Metaphern liefert Raum für Überlegungen über die behagliche Atmosphäre des Mannes, als ob eine andere Verliebte jenseits der höfischen Gesellschaftsklasse mehr liebenswert wäre. Hierbei spielt für ihn die zu rühmliche Tugendhaftigkeit und dadurch die Ekstase und der Gewinn auf einen höheren Platz in der Gesellschaft kaum eine Rolle.

4.2. *Ez stunt ein vrouwe* aleine/ Dietmar von Eist/ (MF=37,4)

Ez stunt ein vrouwe aleine

und warte über heide

unde warte ir liebes,

sô gesach si valken vliegen.

"sô wol dir, valke, daz du bist!

du vliugest, swar dir liep ist,

du erkiusest dir in dem walde

---

[3] B. Kellner, S. Reichlin und A. Rudolph (Hrsg.), *Handbuch Minnesang* 2023, S. 525.

[4] Duden Online, "Gold" 2024, https://www.duden.de/rechtschreibung/Gold.

einen boum, der dir gevalle.

alsô hân ouch ich getân:

ich erkôs mir selbe einen man,

den erwelten mîniu ougen.

daz nîdent schoene vrouwen.

owê, wan lânt si mir min liep?

joch engerte ich ir dekeines trûtes niet!"

(„Es stand eine Frau allein und blickte aus über die Ebene und blickte aus nach ihrem Liebsten. Da sah sie einen Falken fliegen. "Dein Leben, Falke, sei gepriesen! Du fliegst, wohin du magst, und wählst dir in dem Wald einen Baum, der dir gefällt. Das habe auch ich getan: Ich suchte mir selbst einen Mann aus, den erwählten meine Augen. Das mißgönnen mir schöne Frauen. Ach, warum lassen sie mir meinen Liebsten nicht? Ich begehrte doch auch keinen ihrer Freunde!" I. Kasten 1990, S. 47.)

Der vorgeschriebene Minnesang von Dietmar von Aist thematisiert gleichermaßen den Aufbruch der Liebe zwischen einem Ehepaar unterschiedlicher Stände, ähnlich den Falkenliedern Kürenbergs. Dieser einstrophig aufgebaute Minnesang beginnt unmittelbar mit dem Leid der Frau, als ob sie leidenschaftlich nach ihrem Mann Ausschau hält und rechtzeitig bemerkt, dass er nicht mehr zu ihr gehört. Das sogenannte typische Merkmal der "Minneklage" ist hier besonders spürbar.

Der Gebrauch der Metapher "*Valke*" gilt jedoch nach genauer Analyse diesmal als eine Darstellung der Frau selbst und nicht des Mannes. Dazu nimmt Dorothea Klein die Stellung: "*...Lied Nr. 1 ist der Falke aber nicht Metapher für den unabhängigen Mann, vielmehr vergleicht die Sprecherin sich selbst mit dem Falken.... Der Falke wird damit zur Metapher für die Freiheit der Partnerwahl.*"[5] Diese Überlegung, sich selbst mit dem Falken zu vergleichen, drückt die Frau aus, nachdem ihr die Untreue des Mannes auffällt. Im 12. Vers erklärt sie, dass mit dem Auftauchen anderer schöner Frauen ("*schoene vrouwen*") Eifersucht aufkommt und aufgrund dessen der Mann auf das Ende der aktuellen Beziehung drängt.

Eine ähnlich beklagende Haltung der Frauen ihrem Mann gegenüber wird zudem auch in dem Minnesang "*Sô wol dir, Sumerwunne!*" (MF 37,18) von Dietmar von Aist deutlich. Die prächtige Naturbeschreibung in den ersten Versen über die Frau und die daraus resultierende Ekstase während

---

[5] D. Klein, Minnesang: Mittelhochdeutsche Liebeslieder. Eine Auswahl Mittelhochdeutsch/Neuhochdeutsch 2010, S. 326.

der Beziehung mit ihr sind ohnehin bemerkenswerte Merkmale der von Aist produzierten Lieder. Hier wird besonders klar, dass der Mann im Moment in andere Frauen verliebt ist, nachdem er das ehrenvolle Zusammensein mit ihr aufgegeben hat. Dies verursacht der Frau Schmerz, und daher ruft sie sich die vergangenen Tage der Liebe in Erinnerung.

4.3. *Ob man mit lügen die sêle nert*/ **Hartmann von Aue**/ (=MF 212,37)

Ob man mit lügen die sêle nert,

sô weiz ich den, der heilic ist,

der mir dicke meine swert.

mich überwant sin karger list,

Daz ich in zeime vriunde erkôs.

dâ wânde ich staete vünde.

mîn selber sin mich dâ verlôs,

als ich der werlte künde:

sin lip ist alse valschelôs

sam daz mer der ünde.

War umbe suocht

ich vrömden rât,

sit mich min selber herze trouc,

daz mich an den verleitet hât,

der mir noch nieman guoter touc?

Ez ist ein swacher mannes pris,

den er begêt an wiben.

süezer worte ist er sô wis,

daz man si möhte schriben.

den volget ich unz ûf daz is:

der schade muoz mir beliben.

Begunde ich vêhen alle man,

daz taete ich durch sin eines haz.

wie schuldic waeren si dar an?

jâ lônet meniger siner baz.

Diu hât sich durch ir schoenen sin
gesellet saelecliche,
diu lachet, swanne ich trûric bin,
wir alten ungeliche.
nâch leide huop sich mîn begin,
daz senfte got der riche.

(„Wenn man mit Lügen der Seele Heil erlangt, dann kenne ich einen, der heilig ist, der mir oft falsche Eide schwört. Mit schlauer List überredete er mich, daß ich ihn zum Freund erwählte. Da meinte ich, Treue zu finden. Mein eigener Verstand stürzte mich da ins Unglück, wie ich es nun der Welt offenbare. Er ist ebenso ohne Falsch wie das Meer ohne Wellen. Warum sollte ich bei anderen Rat suchen, da mein eigenes Herz mich täuschte, das mich zu dem Mann verführt hat, der weder für mich noch überhaupt für eine treue Frau geeignet ist. Es ist für alle Männer eine Schande, was er Frauen antut. Er versteht sich so aufs Schmeicheln, daß man seine Worte aufschreiben könnte. Von denen ließ ich mich aufs Glatteis führen, den Schaden habe ich zu tragen. Wenn ich nun anfinge, alle Männer zu hassen, so täte ich das aus Abscheu vor einem einzigen. Was könnten sie dafür? Mancher lohnt seiner Freundin ja besser. Diejenige, die in vorbildlicher Klugheit eine glückliche Beziehung eingegangen ist, die lacht, während ich traurig bin, so ungleich gehen unsere Tage dahin. Mit Leid begann es für mich, Gott der Allmächtige möge es lindern." I. Kasten 1990, S. 69-71.)

Im Vergleich zur früheren Strukturierung der Frauenlieder weicht der Entwurf dieses Liedes deutlich ab, da hier vielmehr eine scharfe Klage über die Untreue des Mannes im Vordergrund steht. Gegenseitige Selbstkritik, Selbstanklage und das Eingeständnis von Sünde sind ebenfalls in ihren Worten präsent. Einerseits macht sie dem Mann Vorwürfe, dass er sich durch seine Verführungskunst genährt hat, und andererseits gesteht sie ein, dass ihr der Verstand fehlte, die Gefahr der Untreue vorherzusehen. Für die Unvorhersehbarkeit der Gefahr erhält sie eine Strafe, nämlich eine Täuschung von Seiten der Natur.

Tröstende Worte oder Ratschläge von anderen vernachlässigt sie grundsätzlich, da sie in ihrem Leid versinken möchte, um ihre Sünde wiedergutzumachen. Des Weiteren stellt sie den Hinweis auf andere Frauen zur Diskussion, mit denen der Mann in einer Beziehung sein könnte. Es lässt sich überlegen, ob die Frau bereits über die Ankunft anderer Frauen im Leben des Mannes bewusst war, und die Beantwortung könnte möglicherweise einen klaren Blick auf den Grund des Betrugs des Mannes werfen.

Verallgemeinernd behauptet sie weiterhin, dass alle Männer als untreu betrachtet werden müssen. Am Ende tröstet sie sich selbst, indem sie behauptet, dass sie einem Missverständnis erlegen ist und nun das Pech als eine Lehre akzeptieren sollte. Sie kann nun treue Männer als Partner wählen und eine echte Verbindung eingehen.

Auffälligkeiten, die bei der Decodierung dieses Gedichts entstehen, sind der deutliche Gefühlsausdruck „Zorn" der Frau gegenüber dem Mann. Der Mann führt sie nicht zu Glückseligkeit, sondern zu einer Trübnis, unter der die Frau letztendlich leiden muss. Das Scheitern der Liebesbeziehung schiebt sie teilweise auf sich selbst, aber vor allem auf den Mann.[6]

4.4. *Sage, daz ich dirs iemer lône*/ **Reinmar**/ (**=MF177, 10**)

"Sage, daz ich dirs iemer lône,

hâst du den vil lieben man gesehen?

ist ez wâr und lebt er schône,

als si sagent und ich dich hoere jehen?"

"Vrowe, ich sach in: er ist vrô;

sin herze stât, ob irz gebietent, iemer hô."

"Ich verbiute ime vröide niemer;

lâze eht eine rede, sô tuot er wol.

des bite ich in hiut und iemer:

deme ist alsô, daz manz versagen sol."

"Vrowe, nû verredent iuch niht.

er sprichet: allez daz geschehen sol, daz geschiht."

"Hât aber er gelobt, geselle, daz er niemer mê gesinge liet, ez ensî ob ich ins biten welle?"

"Vrowe, ez waz sin muot, dô ich von ime schiet.

Ouch mugent irz wol hân vernomen."

"Owê, gebiute ichz nû, daz mac ze schaden komen.

Ist aber, daz ichs niene gebiute,

sô verliuse ich mine saelde an ime

und vervluochent mich die liute,

daz ich al der welte ir vröide nime.

6 Vgl. I. Kasten 1990, S. 238.

Alrêst gât mir sorge zuo.

owê, nu enweiz ich, obe ichz lâze oder ob ichz tuo.

(„"Sage, daß ich dir's immer danke, Ist es wahr, daß er so vorbildlich lebt wie sie behaupten und ich dich sagen höre?" "Herrin, ich sah ihn. Er ist froh. Sein Herz ist, wenn Ihr es gebietet, immer fröhlich." "Freude werde ich ihm niemals verbieten. Er soll nur das eine Thema lassen, daran täte er gut. Darum bitte ich ihn heute und immer. Damit steht es so, daß man es versagen muß." "Herrin, nun achtet auf Eure Worte. Er sagt: Alles, was geschehen soll, das geschieht.", "Hat er aber nicht geschworen, Freund, daß er niemals mehr ein Lied singen werde, es sei denn, daß ich ihn darum bitte?" "Herrin, das war seine Absicht, als ich von ihm fortging. Ihr habt es ja wohl auch schon gehört." "Ach, wenn ich es nun gebiete, kann das schlimme Folgen haben. Gesetzt jedoch, daß ich es nicht verlange, dann verliere ich an ihm mein Glück, und die Leute verwünschen mich, weil ich allen ihre Freude nehme. Jetzt bin ich erst richtig in Sorge. "Ach, nun weiß ich nicht, ob ich's lasse oder nicht. Daß wir Frauen nicht mit Worten Freunde gewinnen können, ohne dals sie dennoch mehr wollen, das bekümmert mich. Ich will nicht lieben. Treuen Frauen tut Untreue weh. Wäre ich, was ich keineswegs bin, untreu, und würde er mich dann verlassen, dann würde auch ich ihn verlassen." I. Kasten 1990, S. 85-87.)

Der vorliegende Minnesang, verfasst von Reinmar, behandelt das Trennungsdilemma einer Frau, ob sie ihren Geliebten verlassen soll oder nicht. Zu Beginn des Liedes führt sie ein Gespräch mit einem Freund oder einer Freundin. In der ersten Strophe lobt sie ihren Mann für seine Vorbildlichkeit. Dabei fällt jedoch die auffällige Warnung der zweiten Person vor einer gefährlichen Liebe auf, da die Frau bereits stark von der Beziehung fasziniert ist und die Untreue des Mannes rücksichtslos übersieht.

Das Auftreten der zweiten Person wird hier als eine Metapher für einen „*Bote*"[7] interpretiert, wie es in frühen Minnesängen verwendet wurde. Die Frau hingegen fürchtet die Überschreitung gesellschaftlicher Normen und das Risiko, ihren Ruf und ihre Tugend, Themen des Minnesangs wie Staete, Triuwe und Ansehen, zu verlieren[8]. Ihrer Meinung nach würde sie keine Sünde begehen, da sie denkt: "*staeten wîben tuot unstaete wê*" (MF 177, 37).

---

[7] Vgl. I. Kasten 1990, S. 250-251

[8] Vgl. B. Kellner, S. Reichlin und A. Rudolph (Hrsg.), *Handbuch Minnesang* 2023, S. 528.

Reinmar wird als Autor von Frauenliedern durch seine besondere Art und Weise angesehen, die auch in der Hohen Minnephase eine neue Thematik darstellt. Obwohl die Frau sich der Untreue des Mannes bewusst ist, ist sie bereit, weiterhin den Minnedienst zu ertragen, damit die Liebesbeziehung für sie wertvoll bleibt. Die Untreue des Mannes löst jedoch eine Sorge in ihr aus, über die sie dem Entgegentretenden erzählt. Es ist klar, dass der Mann in dieser Situation untreu ist (der Grund bleibt unklar), und im Kontrast zu früheren Gedichten akzeptiert die Frau das Leiden. Sie erklärt, dass sie auf die Beziehung verzichten würde, nur wenn der Mann sie selbst verlässt. Hier zeigt die Handlung eine gewisse Reaktionslosigkeit der Frau.

4.5. *Mir tuot einer slahte wille*/ Walther von der Vogelweide/ (L 113,31)

Mir tuot einer slahte wille

sanfte, und ist mir doch dar under wê.

ich minne einen ritter stille:

dem enmac ich niht versagen mê

des er mich gebeten hât:

entuon ichz niht, mich dunket

daz mûn niemer werde rât.

Dicke dunke ich mich sô staete

mines willen. sô mir daz geschiht,

swie vil er mich denne baete,

al die wile sô enhulfe ez niht.

ieze hân ich den gedanc:

waz hilfet daz? der muot

ist kûme eines tages lanc.

sô versuochet er mich alzevil.

owê des vorhte ich vil ze sêre,

daz ich müeze volgen swes er wil.

gerne het ichz nu getân,

wan daz ichz im muoz versagen

und wibes êre sol begân.

In getar vor tüsent sorgen,

die mich twingent in dem herzen mîn

den âbent und den morgen,

leider niht getuon den willen sin.

daz ichz iemer einen tac

sol gevristen, daz ist ein klage

diu mir vil nâhe bì dem herzen lac.

Sit daz im die besten jâhen

daz er alsô schône künne leben,

sô hân ich im vil nâhen

eine stat in mîme herzen gegeben,

dâ noch nieman in getrat.

si hânt daz spil verlorn,

und er eine tuot in allen mat.

(„Mir ist ein bestimmter Wunsch lieb, aber er bedrückt mich dabei auch. Ich liebe heimlich einen Ritter; dem kann ich das nicht mehr verweigern, worum er mich gebeten hat. Wenn ich's nicht tu, dann, glaub ich, werd ich untröstlich sein. Oft glaub ich, daß ich einen festen Willen habe. Wenn das so ist, dann könnte er mich noch so anflehen, denn es würde nichts nützen. Aber schon denke ich: Wenn er sich noch länger fern von mir hält, dann stellt er mich zu sehr auf die Probe. Ach, ich fürchte so sehr, daß ich ihm gewähren muß, was er wünscht. Gern hätt' ich's jetzt getan, aber ich muß es ihm versagen und auf meine Ehre achten. Ich wage in den tausend Ängsten, die mich in meinem Herzen Tag und Nacht quälen, nicht - und das bedrückt mich -, seinen Wunsch zu erfüllen. Daß ich es überhaupt nur einen Tag hinausschieben muß, das ist ein Kummer, der mir schwer auf dem Herzen liegt. Da die Besten von ihm behaupten, daß er so vorbildlich zu leben weiß, habe ich ihm ganz nah in meinem Herzen einen Platz gegeben, den noch niemals jemand eingenommen hat. Sie haben das Spiel verloren, und er allein setzt sie alle matt. Was soll's? Der Vorsatz währt nicht einmal einen Tag." I. Kasten 1990, S. 113-115)

Unter allen anderen Dichtern der Minnesänger ist der Name von Walther von der Vogelweide bekannt, der von seinen Zeitgenossen als "Meister" gerühmt wurde. Sein Ruhm rechtfertigt sich jedoch erst, wenn man seine Werke genauer betrachtet. In der Ausformulierung und Vorgehensweise seiner Minnesang-Lieder lässt sich eine einzigartige Spur finden. Seine Schöpfungen lassen sich grob in zwei Kategorien unterteilen: einerseits das Brechen der Gliederung der Hohen Minne durch die Einführung der niederen Minne und andererseits die Konkurrenz und Gegnerschaft gegen

Reinmars Gedichte. Die Forschung bezeichnet die Kontroverse zwischen den beiden Dichtern als "*Reinmar-Walther-Fehde*"[9].

In der allgemeinen Diskussion über deutschsprachige Minnesänger wird oft eines seiner bekanntesten Werke, "*Under der linden*", hervorgehoben, das die Thematik der niederen Minne illustriert. In diesem Kontext soll jedoch ein weniger bekanntes Gedicht betrachtet werden, nämlich "*Mir tout einer slahte wille*". Ein ähnliches Motiv wie bei Reinmar ist hier deutlich erkennbar, indem die Frau ihr Bestes tut, die Beziehung zu dem Mann aufrechtzuerhalten, den sie bereits heimlich liebt: "*ich minne einen Ritter stille*" (L 113, 33). Für sie erscheint die Liebe eher als eine Verpflichtung als als leidenschaftliches Begehren, und daher behauptet sie, dass sie "*daz mîn niemer werde rât*" (L 113, 37). Es wird deutlich, dass sie sich auf ihre psychologische Belastung durch die Beziehung konzentriert. Sie fürchtet, sorgt sich, muss aber dennoch auf ihre Ehre achten. Die Qual kann sie nicht länger ertragen, und ihr Herz kann sie nicht weiterhin unter Druck setzen. Sie zögert, eine konkrete und endgültige Lösung zu finden.

5. Fazit:

Schlussfolgernd lässt sich sagen, dass die Analyse der oben genannten fünf Frauenlieder verschiedene Arten und Weisen der Bewältigung von Beziehungen mit Männern zeigt. Die Minnesänger aus männlicher Perspektive konzentrieren sich meist auf das zentrale Motiv der "*Minne*" und des "*Paradoxen Amor*", wobei sie sich auf die geheime Liebe und die daraus resultierende Hochstimmung oder höfische Freude konzentrieren. Dabei erzählen sie hauptsächlich von drei Themenpaaren, wie ihrer ewigen Hingabe an die Liebe zu der Frau, der *Kalokagathia*, die auf der Schönheit der Frau basiert, dank der Schöpfungskunst Gottes, und ihrem Leid durch die Abwesenheit der Frau usw. Kaum jedoch äußert der Mann seine Meinung über die Untreue in der Beziehung. Sein Verlangen, von Hochstimmung getrieben zu werden, steht in diesen Gedichten im Vordergrund. Dies unterscheidet sich jedoch von der Thematik der Frauenlieder. Die Frau wird hier eher mit dem Leid aus der Untreue des Mannes konfrontiert. In den ersten beiden Gedichten von Kürenberg und Dietmar von Aist wird die Überlegung der Frau durch die Verwendung der Metapher "*valken*" behandelt. Die Falken repräsentieren in beiden Gedichten ein Symbol für Freiheit und Ungebundenheit, sei es des Mannes oder der Frau. Auch ein Symbol für Flügel, das das Verlassen des Alten und den Fortschritt zum Neuen repräsentiert. Das dritte Gedicht von Hartmann von Aue befasst sich mit dem Auslösen des Zorns in der Frau. Die beiden Gedichte aus der Hohen

---

[9] H. Sieburg 2010, S. 172.

Minnephase von Reinmar und Vogelweide zeigen, wie die Frau trotz der Untreue des Mannes in der Beziehung verharren möchte.

Im Vergleich zu den Männerliedern wird die Darstellung des Leids in Frauenliedern aus der Trennung beim Mann vergleichsweise weniger betont. Als möglichen Grund kann man auf die männliche Autorschaft hinweisen, warum die Minnesänger die Geschlechterrolle der Männer im Verlauf der frühen und hohen Minnephase weniger stark thematisierten. Die Fiktionalität innerhalb der Themen der Minnesänger gilt nicht mehr als Utopie, und es erfolgt eine Veränderung der Geschlechtsverhältnisse. Der Aufbau solcher Motive könnte darauf hinweisen, dass die Männer nicht mehr versuchen, den Frauen untergeordnet zu sein, sondern dass es einen Schritt hin zur Befreiung der Männer von der Beherrschung der Frauen gibt. "*Die Frau beklagt auch das Bedürfnis des Mannes nach Unabhängigkeit, das die Liebesbeziehung ebenfalls stören kann und das Zusammensein verhindert oder beendet.*" Im größeren Sinne stellt die Vorstellung der Minne keinesfalls eine reale und plausible Wirklichkeit dar. Dabei wird die Liebe des Mannes zu einer anderen Frau, die wahrscheinlich nicht so adlig wie die Protagonistin ist, thematisiert. Manchmal ist der Grund für die Untreue des Mannes auch nicht klar. Insgesamt lässt sich sagen, dass die Fiktion des unverbrüchlich treuen Mannes in dieser Zeit verloren geht.[10] Der Beginn der Individualisierung zeichnet sich um diese Zeit auch in den Frauenliedern ab. Die Entschiedenheit der freien Partnerauswahl der Frau und die Eigenverantwortung lösen hierbei aus, dass, auch wenn der Mann sie in Leid führt, es nicht ihre alleinige Verantwortung oder Verpflichtung sein soll, mit ihm in Beziehung zu bleiben. Die Untreue wird in den Frauenliedern im Laufe der Zeit mit neuen Zügen charakterisiert. Die Einführung solcher Gefühle beruht auf einer Autonomieverteilung zwischen den individuellen Geschlechtern.

6. Literaturverzeichnis:

Primärliteratur:

Kasten, Ingrid. *Frauenlieder Des Mittelalters*. Philip Reclam, 1990.

Sekundarliteratur:

Coers, Bernward. *Walther von Der Vogelweide: Minnesang - Drei Beispiele*. Nov. 2019, st-ursula-
gk.de/export/sites/einrichtungen/gymnasium-st-ursula-geilenkirchen/der-unterricht/fach/
Deutsch/.galleries/downloads/Walther-von-der-Vogelweide_Minnelieder.pdf.

---

[10] Vgl. I. Kasten 1990, S. 238

Kellner, Beate, et al. *Handbuch Minnesang*. Walter de Gruyter GmbH & Co KG, 2021.

Kragl, Florian. "Dietmar von Aist." *Www.stifterhaus.at*, 21 Apr. 2015, www.stifterhaus.at/ stichwoerter/dietmar-von-aist.

Nagasawa, Ikue. *Frauenlieder Im Minnesang Bis Walther von Der Vogelweide Forschungsabriss Und Untersuchungen Zur Überlieferung, Zur Weiblichen Sprechhandlung Und Zur Genderspezifischen Emotionalität*. 2015.

Schnell, Rüdiger. "Frauenlied, Manneslied Und Wechsel Im Deutschen Minnesang. Überlegungen Zu 'Gender' Und Gattung." *Zeitschrift Für Deutsches Altertum Und Deutsche Literatur*, vol. 128, no. 2, 1999, pp. 127–84, www.jstor.org/stable/20659048.

Schweikle, Günther. "Die Frouwe Der Minnesänger. Zu Realitätsgehalt Und Ethos Des Minnesangs Im 12. Jahrhundert." *Zeitschrift Für Deutsches Altertum Und Deutsche Literatur*, vol. 109, no. 2, 1980, pp. 91–116, www.jstor.org/stable/20656431.

Sieburg, Heinz. *Literatur Des Mittelalters*. Oldenbourg Verlag, 2010.

BEI GRIN MACHT SICH IHR WISSEN BEZAHLT

- Wir veröffentlichen Ihre Hausarbeit, Bachelor- und Masterarbeit

- Ihr eigenes eBook und Buch - weltweit in allen wichtigen Shops

- Verdienen Sie an jedem Verkauf

Jetzt bei www.GRIN.com hochladen und kostenlos publizieren